다시올시선026

詩

꽃잎이 진다

배인환

국립중앙도서관 출판예정도서목록(CIP)

꽃잎이 진다 : 배인환 시집 / 지은이: 배인환. -- 서울 : 다시올, 2017
p. ; cm. -- (다시올시선 ; 026)

ISBN 978-89-94414-76-8 03810 : ₩9000

한국 현대시[韓國現代詩]

811.62-KDC6
895.714-DDC23 CIP2017028997

다시올시선026

詩

꽃잎이 진다

배인환

다·시·올

自序

오랜 외국 여행을 하고 여행기를 쓰느라 소홀했던 시집 출간을 서둘러야 한다고 생각했지만 작품이 마음에 들지 않아 망설이다 보니 시간이 많이 흘렀다. 이제 눈 딱 감고 묶어내기로 했다.

송욱은 그의 저서 『시학 평전』에서 프랑스 시와 영미 시를 다음과 같이 기술하고 있다.

> 바레리의 의견을 따르면 불란서에서는 단테와 같은 知性의 敍事詩가 없다고 한다. 그러나 바레리 자신은 知性의 詩人이다. 물론 그의 작품은 知性의 敍事詩가 아니라, 知性의 抒情詩라는 평을 받고 있다. 다만 여기서 우리가 주목할 점은 프랑스의 詩와 評論의 중심에는 〈이야기〉가 아니라, 노래의 槪念이 있다는 사실이다.
>
> 그리고 바레리는 〈노래〉 chant라는 말을 〈魔法〉 enchantement 혹은 〈反響〉 resonance 혹은 〈魔力 또는 부적〉 charme 이러한 말과 거의 같은 뜻으로 사용하고 있다. 그러니까 우리는 佛蘭西 詩의 특색이 〈노래〉. 〈反響〉 혹은 그 魔力的 效果에 있기 때문에 본느후아의 말대로 그 의미가 그리 중요치 않다는 사실을 알 수 있다. 이와 반대로 T.S. 엘리엇트는

現代詩의 특색을 〈노래는 詩〉가 아니라 〈말하는 詩〉로 보고 있으며 詩語의 音樂性인 源泉을 〈會話體言語〉에 두고 있다. 그리고 그는 散文이 다룰 수 있는 어떤 素材도 역시 훌륭하게 다룰 수 있다는 信念을 가지고 있기도 하다. 그렇다면 〈말하는 詩〉의 특징을 가진 英 美 詩는 〈노래하는〉 프링스의 詩보다 더욱 散文的 素材를 다루기에 능숙하다고도 생각할 수 있다. (이는 엘리엇트의 『荒蕪地』와 바레리의 『海邊의 墓地』를 갈라놓는 뚜렷한 차이 중의 하나이기도 하다)

– (『시학평전』/송욱 p149)

내시는 영미 시에 가까운 말하는 시가 아닐까. 하는 생각이다. 이번 시집에서는 변화가 필요하다는 생각으로 노래하는 시를 몇 편 시도해보았다.

2017년 가을 진악거에서 저자

■ 차례

제2부 첫사랑의 그녀

제3부 우연

제4부 우리가 살던 마을

제5부 프로망제의 그림을 보며

제6부 위도 시편

작품해설–고창수

제1부

5에서 11

꽃잎이 진다

꽃잎이 진다
하늘거리며 빈 마을에
비바람에

눈발이 진다
서러운 노래에, 빈산에
춤추며 사라진다

먼 마음이 진다
고요히 진다
어린 시절에, 늙은 오늘에
여전히

별이 진다
고독한 수사자의 눈에
황야로, 황야로

먼 하늘이 진다
무덤 저편의
하늘로, 하늘로
히뜩거리며

꽃은 숨어 있다가

산천의 색감은
회색이었다

긴 겨울
긴 여름에 꽃은 숨어 있다가
때가 되면
이런 꽃은 나타난다
화사하게

이렇게 하찮은 장소에
이렇게 많은 꽃이
하염없이
하염없이 나타나리라고는 생각 못했다

이때야 우리는 여러 곳에
꽃이 숨어 있었다는 사실을 비로소 안다
차가운 얼음장 밑에

긴 겨울로 이어지는 나의 영토에도
꽃은 어딘가에 숨어 있다.
도수 높은 고독의 안경을 끼고
그런 꽃을 오늘도 기다린다

반려견

공원이나 시내에 산책하러 나가보면
개를 키우는 사람이 유독 많다

개는 사람의 노예이다
그런데
이즈음은
사람이 개의 노예가 되어
개에게 하는 짓을 보면 눈물이 난다

개가 실례를 하면
아기에게 하듯
휴지로 닦아준다

동물과 인간 사이에
이런 일이 허다하다

졸아드는 슬픔

돌고래의 유영

고래가 바다 위를 유영한다
자기의 자태를 뽐내고 싶은 것이다
애인은 물속에 있음이 분명하다
그러므로 위험이 도사리고 있는 공간에
발레리나의 몸을 노출시키고 있다

하느님은 이런 고래를 보며
혀를 찬다
예술가의 반란은 신도 어쩔 수 없다

그는 자신의 춤에 몰입해 있어
사람이 구경하고 있음을 모르고 있다
이 세상에 신이 아닌
인간이 있음을 모르고 있다

이슥고 피를 뿜는 불가사의는
멋의 정점인 꼬리지느러미에서
빛을 발한다

그리움

사랑이란 말보다
그리움이란 말이 더 나아요

그리움, 사랑
사랑, 그리움

그리움의 냄새를 맡고 싶네요
잠 안 오는 밤이면

하늘에 박힌
별에 대한 그리움보다
베갯머리의 그리움

올해는 비가 많이 내렸다

올해는 비가 자주 와서
강물이 흙탕물이다
우리의 시간도 흙탕물이다

강물이 흙탕물이거나
우리의 시간이 흙탕물일 때
물고기는 아가미가 찢어지거나
배가 고파 상류로, 상류로 오른다
가봤자 물은 점점 줄어든다

50년 전 범람한 때가 있었다
그때 몇백만 명이 죽었다
젊은이는 죽음을
강 건너 불구경으로 본다

자주 내린 비와 흙탕물
아무래도 또 한 번의 범람을 가져올 것 같다
아프가니스탄과 이란의 전쟁을
거실에서 비스듬히 누워서 본다
옛날의 전쟁도 사극이라고
포장해서 즐겨본다

냉혹한 세상에 도사린 위험

냉정한 감정 즐기는 멋
유령의 세상이 되었다

가족도 못 믿는 세상에
구호는 믿을 수 있다고
헝겊을 흔드는 이들이 너무 많다
아무래도 비는 더 내릴 것 같다

기차는 떠나고

기차는 추수가 끝난
가을 들판을 지나 떠나고
코스모스만 바람에 흔들린다

기차는 시간의 역을 떠나
공간의 역을 지나
공간도 시간도 없는
시공의 고차원적인
무의 바다를 가고 있다

무의 바다에는
미지의 세계로 가는 레일이 있고
기차는 두 가닥 평행선의
운명을 지니고 있어
다시는 돌아올 수 없다

꽃을 든 부처

조선 시대 통도사 괘불
높이가 무려 25.4m이다
2.54m의 10배이다

미남의 얼굴에
여자처럼 목걸이를 한
꽃을 든 부처

보리수 아래에서 해탈한 석가는
아무 표시도 하지 말라고 일렀거늘
백성의 고혈로 만든 거대한 상
만리장성이다

밀림 속에 버려진 앙코르와트를
인간이 복원하고 있다
신의 도시가 신의 버림을 받은 지
수백 년, 목적은 변하고 있다

꽃을 든 부처
종교가 아닌 예술이다
혼을 빼앗는 사기이다

5에서 11

세상에는 가시광선이 있고
비가시광선이 있다

이 세상에는 들을 수 있는 소리와
들을 수 없는 소리가 있다

지구가 공간을 나는 소리는
듣지 못한다
우주의 굉음은 아예 없다
개는 마약의 냄새를 맡는다

4까지는 알겠는데
5에서 11은 도통 모른다
5에서 11은 우리 세계가 아닐지도 모른다

나의 세계가 아니다
나의 세계일 수도 있다

잘난 개미가
인간 세계를 모르듯이

108

108이란 숫자를 좋아한다
백팔, 백팔 하면 휘파람 소리가 난다
너무나 인간적인 이 말은
기도문처럼
내 입에서 잘도 나온다

나는 요즈음
108이라는 숫자를 좋아하게 되었다
그 동안 전국의 바다나 강가에서 모은 조약돌을
느티나무 단단한 나무판에
108개씩 붙였다

바둑알처럼 하나는 검은색이고
다른 하나는 흰색이다
수석 전시관이 되어가는 벽에
이 판자를 명화처럼 걸어놓았다

그리고는 아침, 저녁으로 쓸쓸하거나
무언가에 쫓겨 돌아온 날 밤에는
108개의 돌이
다닥다닥 붙은
여윈 내 가슴팍을 본다

시립 미술관 큐레이터

중소 도시의 미술관은 썰렁하다
여름 방학에 거기에 갔다

정문에는 관광버스가 여러 대 있고
교복의 학생들이 관람을 마치자
때마침 소나기가 퍼부었다
속이 뻥 뚫린 듯했다
느낌이 있었다

아마 좋은 그림의 특별전이 있나 보다
예측은 무참히 부서졌다
괴기한 그림들
왜 학생들에게 어둡고 병든 그림을 보여줍니까

예술이니까요

너무나 당돌한 대답
무식한 사람이 용기가 있다고 했던가
상업주의에 병들어가는 미술
이 도시에 사람이 없나 보다

어디 미술뿐이랴

제2부

첫사랑의 그녀

동학사 홍보란

눈이 내린 후 동학사에 갔다
이 절에는 비구니만 사는
홍보란이 있다

소나무. 느티나무가
부드러운 눈의 폭력에 부러졌다
바늘 같은 소나무 잎이지만
바이올린의 현인 느티나무 가지인데
고향이 북쪽인 자작나무는 멀쩡하다

사람이 많이 모이는 홍보 벽에
비구니가 찍은 사진을 붙여놓았다
그녀들의 과거를 짐작게 한다

눈꽃,
눈사람,
눈사람 만드는 비구니
눈싸움하는 비구니,
눈을 배경으로 자세를 취한 비구니
눈 위에 벌렁 누운 비구니
「눈길」이라는 시도 한 편 있다
충격!

세상과 인연을 끊은 그녀들
사진을 이렇게 공개하는 것은
그들만의 숨쉬기다

그녀들도 부러진 나무를
본 것 같다

나의 눈

Ⅰ
눈 관리를 엉터리로 했다
안과병원을 화장실 드나들 듯한다
몸이 백 량이라면
눈이 구십 량이라는데
인생을 잘 살았다고 할 수 없다

내 눈 속에는 갈매기가 날고
별이 뜬다
별은 밤에 뜨는 것이 아니고
햇빛이 나면 새까맣게 많은 별이 뜬다
눈 속에는 은하수도 있다 그러니까
내 눈 속에 우주가 있는 셈이다

눈 속의 우주를 본 일이 있는가
그것도 그냥 볼 수 있는 것은 아니다

Ⅱ
내 눈은 책을 싫어한다
컴퓨터도 TV도 싫어한다
어떤 불빛도 싫어하며 광합성을 하는
태양광선을 제일 싫어한다

빛 보다는 어둠을 좋아한다

빛을 보면 눈이 아프다

숲과 산과 강과 바다를 좋아한다
이치를 알 수 없고
알려고 하지 않는다
다만 좋아하는 어둠을 만나면 그만이다

무릉도원 선녀

전기가 없는
무릉도원에 사는
무릉도원 아낙은 시인이다

산에 가면
산내음 때문에 돌아오기 싫다고 말하는
무릉도원 40대 젊은 아낙은 시인이다

도시에서 이 마을을 방문한
철없는 청년에게
천연 냉장고에 넣어둔
산 막걸리를 풋고추 된장에 찍어
대접하는 무릉도원 50대 엄마는
시인이다

겨울밤에는
별 보러 오는 도시 사람이 좋다는
무릉도원 20대 처녀는 타고 난
시인이다

'별이 꽃박혔어요'
라고 표현하는
무릉도원 10대 소녀는 시인이다

선녀들만 사는 무릉도원이
이 세상에 있기나 하나?

첫사랑의 그녀

첫사랑의 그녀
아직도 그 마을에 살고 있네

모든 사람이 다 떠난 옛날의 그 마을에
아직도 첫사랑의 그녀는 살고 있네

추억도 시들었고
그녀를 사랑하던 모든 청년들이
도시로 떠나
의치를 한 할아버지가 된 지금
건물의 철근이 다리의 그것처럼 녹 쓸었어도
첫사랑의 그녀는
아직도 교회가 있는 그 조그마한 마을
살구꽃 곱게 피는 소꿉놀이 골목에 살고 있네

명절날의 꼬까옷 같은
첫사랑의 그녀는
어쩌자고 아직도 그곳에 외로운 탑처럼
성모 같은 자태로 살고 있나

밥 짓는 저녁연기
첫사랑의 그녀는
마을 하늘로 울려 퍼지던 저녁 종소리

노래를 부르고 있네
이제 무덤에 같이 가자고
무덤위에 달이 휘영청 밝은 밤에
속삭이자고
아직도 열여덟 살, 변함없는 그녀
첫사랑의 그녀!

사랑의 완성

희곡을 쓰며 근근이 사는 여류시인에게
"너무 늦기 전에
결혼하는 것이 어때요"

"나를 여왕처럼 모실 남자 어디 있어요
부산이 아니라 서울에 말예요"

"눈높이를 낮추고
뼈가 녹아 없어질 정도의
사랑을 하면
보다 나을 거예요
어차피 사랑은 몰입이거든요"

우리는 커피잔을 기울이며
이야기를 계속했다

"선생님은 왜
재혼 안 해요?"
L시인의 "남자는 무덤에서도
여자가 필요한 존재"라는
시구가 있지 않아요

"재혼요! 글쎄요……"

여류시인의 핏기 없는 볼이
밝으래졌다

손자에게 장난감 사주기

내가 손자만 할 때
장난감이 있었는지 없었는지 모르는데
나는 손자에게 장난감을 잘 사준다

손자는 처음에는 좋아하더니
이제는 별로 좋아하지도 않는다

그래도 나는 자꾸 장난감을 사준다
안 사주면 어쩐지 허전해진다
허전한 것은 손자도 그렇고 나도 그렇다

수입도 없는 나에게
딸도 장난감을 사달라고 조른다
딸뿐만 아니라 중년의 아들도 장난감을 사달라고
한다

교회에 갔더니 하나님도 날더러 장난감을 사준지
가 언제라면서
어떻게 된 것이냐고 묻는다

나는 아무 말도 못 하고 돌아왔다
도대체 내 장난감은
누가 언제 사주나

시와 술

식구들과 집에서 밥을 먹는 것은
경제학이다

식구들과 모처럼 불고기를 먹는 것은
물리학이다

아내와 외식하는 것은
정치학이다

애인과 차를 드는 것은
예술이며 음악이다

친구와 술을 마시는 것
이게 바로 시다

누가 주인인가?

이 무한의 우주와
이 우주의 한 귀퉁이에
유한하게 사는 인간!
과연 주인은 누구인가

무 시간의 우주와
유 시간의 인간
과연 누가 주인인가?
어느 쪽이 점수가 더 높은가?

이 어려운 판정을 해야 하는데
다들 어딜 갔지?

누가 주인인가 보다는
유한한 내가 지금 사는 것이
대단하다
21세기에 살고 있다는 것이

삶은 지구와 관계이고
죽음은 우주와 일치인가?

쓰레기

고승의 열반 0주기 학술회에 가서
종일 공부하고 돌아오는 길에
아픈 허리를 만지며
떠오르는 단어가
왜 '쓰레기'인지 모르겠다

불교에 대한 석학의 이론이
동시통역으로 뒤범벅이 되어
음식점의 휴지처럼 꾸겨지고 있었다

선배와 마주 앉은 식탁에서
나는 손을 닦느라고
자꾸만 휴지를 꾸겼다

이미 내 마음속에
허무주의가 너무 깊이 뿌리내려
깨달음도 한낱 곰팡내 나는 학술어일 뿐

밀집한 주택가 빈터
잡풀이 무성한 버려진 땅에
비닐봉지, 플라스틱, 냄새나는 음식 쓰레기가
풀 섶에 가려져 있다

놀랍게도 쓰레기 더미 옆에 난
여린 풀잎에 돋은 이슬이
아침 햇살에 영롱했다

아슐리안형 석기

전곡리 유적지
아슐리안형 석기
연꽃 봉오리이네
아직 펴 보이지 않은 아가의 주먹

부처의 눈에 보이던
그 꽃봉오리를
이국의 병사가 보았네

살육의 전쟁터는 아니지만
코리아로 떠나는 애인에게
힘을 실어주던 손
'아는 것만큼 보인다.'고 말하네

불가해한 연꽃 봉오리
20만 년 만에 정원사의 손에 의해
꽃잎을 배시시 여네

이제야 길쌈 짜는 아가씨는
물레를 돌리네
오늘은
'갑돌이와 갑순이' 이야기라네

제3부

우연

우연 1

'우연'은 나의 병이 되었다
태어났을 때 이미 감염되었다

그 후, 광복이되고 초등학교 입학에서
다시 바이러스에 심하게 감염되었다

전쟁터에서
수 없는
우연한 사건과
우연의 해결에
나는 살아있다

나의
나만의
이 우주적 우연!

우연 2

우연이 부모를 만났고
우연히 아내를 만났고
우연히 아들을 만났고
우연히 손자를 만났으니
우연히 조국을 만났고
우연히 시간을 만났고
우연히 공간을 만났고
우연히 수명을 누렸고
우연히 시를 썼으니까

다 잘 된 것이다
이제 우연은 그만해도 된다
그런데도 우연은 계속 일어난다

우연 3

비 온 후 돋은 찬란한 무지개에서
말의 파편이 우수수 떨어진다
우연히 좋은 말 잡고
길을 걸어간다
바다로 가는 길
곱기도 하다
꽃이 피리라
가을이 오리라
단풍은 또 어쩌리
온 산을 붉게 물들이고 까마귀는
또 서럽게 울 것이다

그래도 기다린다

우연 4

'우연'이라고 자꾸 말했더니
뒤에서 '우연'이 아니라고 말해서
누구인가 뒤돌아봤더니
바람이 꼬리를 감추기에
무슨 뜻인지 잘 몰라
다시 말해달라고 했더니
다시 말하는 법은 없다며
말이 없었다
물을 칼로 자르듯 한
이 말은 메아리 같았다
아버지를 부르던
내 어린 시절의 음성이었다
어머니의 치마폭이었다

우연 5

태어남도
죽음도
만남도
다 우연이다

나도
그 사람도
다 우연이다

지구도
별도
은하도
우주도
다 우연이다

태어남도
죽음도
만남도
다 인연이다

나도
그 사람도
다 인연이다

지구도
별도
은하도
우주도
다 인연이다

우연 6

'연'자보다는 '우'자가 문제다. '연'자야 쉬운 글자가 아니냐. '우'자의 다음 낱말들은 참 재미있기도 하고 어렵기도 하다. 그 중에서 우연이란 말이 제일 마음에 든다. 마음에 들지 않고 어쩌겠느냐.

우대偶對, 우발偶發, 우사偶詞, 우상偶像, 우상숭배偶像崇拜, 우성偶成, 우수偶數, 우어偶語, 우연偶然, 우연거 형방처偶然去 刑房處, 우영偶詠, 우음偶吟, 우이득중偶爾得中, 우인偶人, 우작偶作, 우좌偶坐, 우중偶中, 우합偶合,

세계를 발견하고 또 만드는 것은 재미가 있다. 중국 사람들은 낱말을 만드는 귀재가 많다. 도자기를 봐라. 지금에야 진흙으로 빚은 것임을 다 알지만 옛날에는 고령산 기슭에서 산신령이 주었다고 생각했다.

우연 9

지하철을 타러
에스컬레이터를 타고 내려가다
'우연'이라는 단어가 생각나서
수첩에 적어 넣었다

지하철을 타고
강을 건너 압구정동에 왔는데
다시 '우연'이라는 단어가 생각나서
수첩에 적어 넣었다

친구의 아들 결혼식에 갔는데
신부가 옛 애인을 닮은 얼굴이라
'우연'이라는 낱말이 생각나서
수첩에 적어 넣었다

친구의 모친이 죽었다고 해서
문상을 갔는데
부인의 영정을 보고
'우연'이라는 생각이 나서
다시 수첩에 적어 넣었다

이제 '우연'이라는 낱말이 생각나도
수첩에 적을 필요는 없다

제4부

우리가 살던 마을

오후의 구도

가을 단풍에 취해
사자가 낮잠에 떨어졌다

따가운 햇볕에 눈이 부신지
눈을 감고 있다

사람과 사자 우리 사이에
튼튼한 쇠망과
뛰어넘을 수 없는
해자를 보다가

잠자리 한 마리가
우리 안에서 나는 것을 본다
나비도 동무하자고 왔다
참새 한 마리가
나뭇가지에서 내려와
쫑쫑거린다

사자는 잠을 잔다
간 큰 나비
사람보다 잘났다

잠자리는 눈이 크다

사람을 홀리듯이
살포시 나르다가
사자를 홀리듯
돌아와 제자리에 앉는다
마을 아이들이 보인다

묵은 일기장 책갈피 사이에

슬픔은 진정 어디서 오는 것일까

강기슭을 달리는 기차가
살구나무 꽃잎 지는 마을을 뒤로하고
터널 속으로 꼬리를 감추면

고적한 마을에
강아지가 휘날리며 지는
시린 꽃잎을 가지고 장난을 친다

피지도 못하고 땅에 떨어진 꽃의
꽃잎을 주어서
다시는 꺼내보지도 않을
저승에 간 아내의 묵은 일기장
책갈피 사이에 넣는다

이렇게 하면
하늘에서 펴볼 것이다

반딧불을 단 볼펜

일본 여행에서 돌아온 선배 시인이
반딧불이 달린 볼펜을 선물하면서
밤에 시가 생각나면
이 볼펜으로 시를 쓰라고
머리맡에 두고 쓰면
참 편리하단다
나는 밤이 되면
불면증으로 잠이 안 와 자주 일어나는데
언젠가부터 시를 쓰지 않을 때도
이 반딧불이 볼펜을 어루만지다가
무의식적으로 불을 켰다
가을이 되어 생각이 많아지면서
어둠을 연약하게 밝히는 파르스름한 반딧불이 불
빛 때문에
밤의 요정이 깨어나
시가 써지기 시작했다
이 요술 같은 반딧불을 단 볼펜을 들면
시가 써진다
이 도깨비불을 달고 있는 볼펜 덕에
가을 시집을 낼 것 같다
그런데 이 도깨비 볼펜도
안타깝게도 사람의 삶을 다루는
소설은 쓸 수가 없다

슬프게도 소설 같은 정한을
가슴에 묻고 있는 나에게도
이 도깨비불을 밝히는 볼펜도
어쩔 수 없나 보다
새벽이 너무 빨리 다가온다

백송

적송과 해송은 잎이 두 개
백송은 잎이 세 개
리기다소나무도 잎이 세 개
잣나무는 잎이 다섯 개

백송은 나무 표피가 흰색인데
희귀종이다
해가 지날수록 고품이란다

창경궁
조계종 본사
헌법재판소
추사 고택
칠백의 총에 있다

중국 북경에는 공원마다 백송이다

내가 아는 이李 시인은
작은 백송 분을 많이 가지고 있다
희귀 분을 많이 갖기는 쉽지 않다
나도 한 본 얻었다
백송을 가지면 좋은 운이 온단다

백사
백호
흰 코끼리
백마
백목련
백장미
백 연꽃

그런데 왜 백발은 값이 안 나가나?

베개
–모년 모월 모일

내 침대에는 베개가 두 개 있다
아내가 없는 데도 베개가 두 개이다
아내가 놓고 떠난 그대로 지금까지 그냥 두었다
밤잠이 없어진 지금
나는 내 베개, 아내 베개 구분 없이 베고 잔다
하루는 술이 잔뜩 취해 돌아와서는
내 베개도 아내의 베개도 베지 않고 잤다
참 편했다
뒤통수와 어깨가 침대 바닥에 닿아 참 좋았다
그 후 나는 잠을 잘 수 있었다
그 후
아내도 잃어버리고
베개도 잃어버렸다
무심한 세월

통발

세상에는 통발이 참 많기도 하다
재래시장이든 마트든 늘 통발 앞을 지나다닌다
그리고 결국 들어간다

병원에도 늘 통발은 있다
사람이 가기 싫어하는 감방에도 통발은 있다

저쪽 두령도 큰 통발을 놓았다
미국이라는 큰 나라가 들어가기를 바라면서
그런데 그가 먼저 어느 통발에 들어가 버릴 것이다

사람들은 통발에 수없이 들어갔다 나온다
그러나 결국 통발에서 죽는 슬픈 운명을 타고났다

통발을 가지고 있는 사람도
결국 다른 사람의 통발에 들어가서 죽는다

튀밥을 먹으며

위암 수술을 받은 후
공복의 위에
튀밥을 집어넣는다

6년간 치열한 싸움 끝에
터득한 지식이 튀밥 먹기이다

내 딸 아이들이
이런 애비를 보면 야단을 친다
수술한 몸에
튀밥은 영양가가 없다고 한다

쌀 한 되 사천 원
튀기는 삯이 삼천 원이면
한참을 먹는다

정년을 하고
서울에 온 후
삼시 세끼
튀밥만 먹기로 했다

산책길에서든
잘 가는 전람회장이든

극장이든
책방에서든
튀밥은 먹기가 좋다.
배가 부르지 않아 좋다
경험한 사람은
배가 부른 것은 고통임을 안다

술안주로도 튀밥은 최고다
어느 날
수술을 받지 않은 사람도
튀밥을 즐겨 먹는 것을 보았다
튀밥만을 먹고 사는 세상이 됐다

튀밥을 분석해 달라고
의뢰했더니
놓고 가란다

독도 기행
-바람 뚫고 파도 넘어 찾아간 섬, 독도. 5000년 만의 허락

독도 사랑 시낭송 예술제에 갈 때
파도 때문에 울릉도에 못가고
회항을 했다
바다가 큰 유리창을 통해서 보이는
해변의 포스모텔에서
만재 선생을 모시고 잤다
섬의 시인, 섬을 가장 사랑하는
한국의 시인
바다의 시인과 하룻밤 정사는 사건이었다
나의 성은 섬의 악보가 되었다
이튿날 다시 도전
독도까지 갔으나 접안이 안 되어
배에서 TV를 보듯 섬을 바라보았다
나리분지의 낭만
시 사랑 송운 선생
노 시인의 나라 사랑
막걸리를 마시고 취한 시인들
파도에 나는 갈매기
노을이 곱기도 했다
구름은 다시 꽃 핀다

혼자 있는 사람

이 방에 혼자 있는 사람은 불행하다
이 큰 집에 혼자 있는 사람은 불쌍하다
이 도시에 혼자 있는 사람은 불행하다
이 나라에 혼자 있는 사람은 불쌍하다
이 세상에 혼자 있는 사람은 불행하다

홀아비

과부가 잘 키우는 반려견도 키울 줄 모른다

꽃 축제

매화 향기 천 리까지 퍼지네
산수유 빛깔 온 누리를 비추네
전국의 차들이 꼬리를 무네
섬진강가 꽃동네!
겨울에 꽃을 못 본 사람들 모이네
겨울에 강을 못 본 사람들 모이네
높다란 곳에
청매실 농장은 있네
수백 개의 독이 만드는
향취에 취하네
화개장터 시원한 재첩국
막걸리 생각나네
팔도 사람들 사투리 판치는
토지의 억양들
평산리 사람들 골목을 고치네
강 안의 드라이브 코스
쌍계사로 들어가는 혼인 길
3월에는 매화꽃
4월에는 벚꽃
5월 산봉우리에 철쭉제
남도는 온통 꽃 축제
하느님이 잔치 벌이네

우리 손자 건하

4살배기 손자 건하는
꼬마 시인이다
바다에 가서 섬을 보면
'야, 산이 물에 떠 있다.'라고 말한다
강아지풀을 가르쳐주면
억새를 보고, '큰 강아지 풀'이라고 한다
그런데
관악산을 오르면서
꼭대기에 다 왔는데
관악산이 어디냐고 묻는다
여기가 관악산이라니까
아니야 이건 길이야 그것도 몰라
할아버지 바보야라고 말한다
그런 건하에게
할아비는 '그려 그려'라고 말한다

우리 손자 산하

산하는 몸이 좀 약하다
그 대신 머리가 좋다
기계를 잘 만진다
과학자의 소질이 있다
책도 그쪽 책을 좋아한다
다만 식성이 까다로워 잘 먹지 않는다
보약을 먹이고 용을 먹여도 소용이 없다
성질이 느긋해서 잘 참는다
이런 산하에게 자꾸 정이 간다

우리가 살던 마을

고희를 넘긴 누님이
우리가 살던 마을에 가보자고 말했다

구불구불한 내에서
아이들은 벌거벗고 물놀이를 했다

그 마을은 우리가 태어난
오막살이도 있었고
누님이 돐 때 이사 온 곳이다

우리가 살던 초가도
이웃집도, 골목도
한디 시암도 없어졌다
아는 사람도
보이지 않았다

내 마음에는 그때 그 골목,
그리운 사람 그대로인데 도시로 바뀐
도로는 직선이 되었다

300년쯤 뒤에 지구에 오면
지금 이 마을과 같을 것 같다

제5부

프로망제의 그림을 보며

위아래 시리즈
–제라드 프로망제의 그림 앞에서

최근 그의 작품은 위아래 시리즈다

처음은 맞대고
머리를 맞대고, 붉은색
입을 맞대고, 노란색
코를 맞대고, 보라색

거울을 가운데에 놓고 맞대고 있다

한 단계 발전해서 위아래 시리즈
세상은 항상 대립
모든 것을 거꾸로 보는 부류도 있다

2003년도의 작품이 특이하다
거꾸로 서 있는 쪽은
회색이 대부분이고
흰색도 더러 있다

똑바로 서 있는 쪽은
붉은색, 청색, 보라색, 노란색

보수와 진보
정 반

그래서 세상은
혁명이다

벽에 걸린 삼십 개의 즉흥 스냅사진
-제라드 프로망제의 그림 앞에서

삼십 개의 스냅사진은
그림이다

조건은 같다
여덟 사람의 누드
물론 남녀가 같은 숫자
여덟 개의 꾸불꾸불한 선이 하나씩이다
인형극은 아니다

검은색 계통과 붉은색 계통이
각각 네 개씩
짙은 색에서 점차 연해진다

어떤 조합이 삼십 개의
스냅사진을 만들었다
작가도 그림도 설명을 거부한다
설명을 모른다
설명은 보는 사람이 해야 한다

모두 선에 의존하고 있다
선에 의존하고 있는 존재의 아픔
비명이 들린다
아우슈비츠의 고문과 살인과 실험

제멋대로인 기하학적 포즈
신이 시킨 것 같다

자살 폭탄에 희생되는 군상
굶주린 어린애
아프리카의 에이즈
별나라를 이야기하듯 한다

아무것도 정지해 있는 것은 없다
다른 작품과 연관되어
질문을 던졌으나
대답은 메아리
그의 그림은 끝이 없는 붉은색이다

모든 색으로부터, 역사의 그림

-제라드 프로망제의 그림 앞에서

숨은그림 찾기와 같은 여러 개의 그림에서
여자의 누드가 보인다
이만큼 떨어져 있는 남자는 화가
그가 거기에 있다

단순한 누드화를 그리는 그림의 주위에
수백 개의 사물이 제멋대로다

꾸불꾸불한 선은
기하학의 도표를 만든다
나는 순간 고압선에 감전된다

그의 곁에는
미셸 푸코, 알랭 주프로와가 있었다

변화를 추구하는 다양성
혁명의 붉은색, 청색, 노란색
색의 마술사, 선의 기하학자

섬뜩한 분석과 해부
정곡을 찌르는 창끝
그래서 그는 무서운 존재다
그림

나는 겹겹으로 껴입은 옷을 벗는다
비로소 누드가 된다

붉은색 누드
-제라드 프로망제의 그림 앞에서

이 붉은 색뿐인
남녀의 꽃이
괴기한 행위의 그림으로
무엇을 말하는가

이 춘화를
'기념비적인 작품'이라고 한
사람은 과연 무엇을 본 것인가

이 그림에
침을 뱉을 사람이 과연 누구인가
바로 그 힘으로
존재하는 것이 인간이 아닌가

네 가지 힘 이외의
이 힘이
가장 강한 힘이 아닌가

영원에 반역하는
순간을 반역하는 처절함이여!

「붉은색 누드」 앞에 서면
한꺼번에 별빛이 쏟아져

현기증이 난다

롭스의 〈창부 정치가〉

악마주의 화가 롭스
그는 『악의 꽃』의 시인 보들레르와 친했기 때문일까
페미니스트와 정반대의 입장이다

〈창부 정치가〉는 매우 재미있다
홀딱 벗은 육감적인 여체
허리에는 리본이 매어져 있다
상품이란 뜻이란다

눈은 가리고
손에는 장갑, 부추를 신었다
그것이 살짝 보인다
여자는 돼지를 몰고 간다
돼지는 탐욕의 상징
꼬리는 금
악덕과 부패의 깃발
공중에는 아기 천사들이 있다

서양에서는 창녀가 예술의 중심에 있다
모파상, 슈베르트, 니체도 그들을 좋아했다
모두 매독에 걸려 일찍 죽었다
신 주위에도 그런 여자가 있었다

문예 부흥도 어느 창녀가 깃발을 들었다

그녀는 혼자 시위하고 있다
누군가를 위하여

잠

이렇게 좋은 침대에서 잠을 청하는데
밤이고 낮이고 잠이 오지 않는다

술을 마셔본다
눈가리개를 해 본다
수면제를 먹어도 마찬가지다

새벽까지 실랑이하다가
새벽에 든 잠
여름 오후 초가에서 잔 낮잠
따뜻한 아랫목에서 등을 지지며 자던
시골집의 한 겨울밤의 잠
신혼의 달콤했던 잠

무덤에 들어간
무덤의 잠은 어떨지

절대의 어둠이 있는 그곳에서는
잠이 올 것이다

낙엽이 지는 이런 가을
비가 추적추적 내리는 오후에
잠 한숨 자고 싶다

장미가 말하길

장미가 느티나무에게 말하길
나도 너처럼 키와 몸뚱이가 크고 싶지만
장미꽃을 피우기 위해서 그것을 포기했다

장미가 소나무에게 말하길
나도 너처럼 사시사철 용트림하는
자태를 뽐내고 싶지만
장미꽃을 피우기 위해서 그것을 포기했다

세상에서 가장 아름다운 꽃을 피우려고
몸뚱이에 징그러운 가시까지 달고 있다

장미가 나에게 말하길
세상은 다 할 수는 없는 곳이다
포기해야 할 것이 더 많은 곳이다

자청해서 하는 가난과 외로움은
장미가 된다

내 꽃은 염원을 담고 있다
내 꽃은 지상에 내려오지 못하고
나에게 전하는
별의 소망을 간직하고 있다

내 꽃은 사람에게 알리는 편지를 담고 싶다
내 꽃에는 병자를 치료하는 비법을 담고 싶다
내 꽃은 남을 사랑하는 독한 병균을 갖고 있다

죽은 것이 살아나는 흙

오늘 아침 배달된 신문으로
모르카이 섬으로 길을 떠난다
바다로 휩싸인 섬은 바위투성이

섬에는 비밀들이 숨겨져 있다
들여다보는 사람에게 수면에
형상이 나타난다

다미안 신부의 신화는
죽은 것이 살아나는 흙
흙의 삶을 산 그분, 참사람!

해안에 부서지는 파도는
시간을 조율하고
별빛을 끌어다가 음악을 킨다

야자나무 숲속으로 뻗어난 길
성자가 걸었던 그 길은 자취도 없지만
마음에 있어 신화가 부활한다
깊이를 측정할 수 없는
그 뜨거운 휴면기 화산

지심도

초록빛의 남쪽 바다에 떠 있다는
마음의 섬
지심도에 가야겠다
한강에 있는 남이섬 말고
동백꽃이 붉게 피어있는 지심도에
이 겨울에 혼자 가야겠다
흰 눈으로 얼어붙은 겨울 호수는 파도가 없다
대지를 눈으로 희게 덮은 지금
붉은 섬이 보고 싶어
지심도에 가는 시간의 열차를 타야겠다
겨울꽃이 피어있는 지심도에 가야겠다
도시도, 농촌도, 숲도
온통 흰 눈으로 갇힌 여기를 떠나
삭막한 겨울 중심 말고
지심도에 가야겠다
눈안개가 짙게 끼어있는 도시를 떠나
붉은 마음의 지심도에 가야겠다
눈처럼 차가운 마음이
초록 바다에 떠 있는
붉은 섬을 닮아
내 마음도 바뀔 것이다
물안개를 해치고 갈 새벽차를 타야겠다
눈은 지금도 와서 쌓이고

겨울 철새가 웅크리고 있는 조그마한 개울을 지나
회색빛 죽은 가시넝쿨을 보며
터널을 뚫고, 철교를 지나
바다를 건너
초록 바다에 붉은 꽃이 피어있는
지심도는 틀림없이 가볼 만한 섬일 것이다
마음을 여는 사람들이
두어 명은 있을
섬에 가야겠다

바다에 가봤는가

한 번도 바다에 가보지 못했다
그래서 만나는 사람마다
바다에 가보았는지 물으면
그들도 바다에 가보지 못했다고 말을 한다
바다에 간 사람은
돌아오는 것을 본 일이 없다고 말한다

이 찜통더위에 바다에 꼭 가고 싶은데
갈 수가 없어 답답하다

가을이 지나 겨울이 되어 바다에 가면
혼자 손안에 호두알을 굴리며 가면
바다는 반길 것이다

바다에 가면
바다에 온 사람이 있을 것이다
추운 해안의 설화는 끝이 없고
갈매기 떼를 유혹하는 파도는
온종일 으르렁댈 것이다
방파제에 부서지는 파도는 해일이 되어
축복의 문을 부술것이다

안으로 들어가는 문은

어둡지만 넘어지는 일은 없고
누군가 부축할 것이다

물속의 비밀

냇물에 낚시를 던진다

추상의 비늘을 번뜩이는 이무기는
한 번도 본 일이 없었다
깊은 소에 늘 잠자고 있었다

소의 물이 시퍼레서 아무도 접근하지 못했다
하루는 마을 사람들이 어부를 설득했다
그곳에 갔다 온 어부는
장마에 그만 어디론가 갔단다

어부는 매력을 잃었다며
그 마을을 떠났다
어부가 떠났어도 매년 먼 데서 온 사람이
축제의 제물이 되었다

마을 사람 중에는
물속에 이무기가 있다고 믿는 사람이 더러 생겼다
나도 모르게 정말인가 하고 생각하게 되었다

동구 밖에 서 있는 느티나무에
늙은 아낙이 고사를 지낸다
모든 것이 마음에 있다

영웅

세상에는 통발 놓는 사람이 많다
물고기가 잡힐만한 곳이면
어디든 통발을 놓는다

물불을 가리지 않는다
통발 놓이는 전염병처럼 퍼지고 있다

통발을 놓는 사람은 스릴만을 취한다
아무것도 계산하지 못하는 차량
거짓말에 의식하지 못하는 죽음
종교의 땅은 원래가 모순의 땅이다

거짓에 속은 꽃송이는
통발을 놓고 분해한다
밥과 종교를 교묘히 이용하는 어른들이
통발을 놓도록 인형극의 연출자가 된다

무서운 종교
허위의 지식, 맹목의 이념
모순과 모순 속에서 모순으로 오염된다

타인에 의한
순전히 타인에 의한

제6부

위도 시편

안개 낀 위도
–위도 시편 1

비가 내리고
강풍이 분다
일기 예보를 믿고
비 내리는 섬이 보고 싶어 왔는데
비는 내리지 않고
바람도 없어
안개 낀 섬이 되고 말았다
자욱한 안개
지금은 오리무중이다
섬의 밤은 적막
별도 없는
스산한 초겨울 섬
밤은 점점 깊어갔다

비 내리는 섬
–위도 시편 2

비가 내린다
비 내리는 섬이 보고 싶다
끝없이 비가 내린다
그래서 황홀하게
황홀하게 섬을 본다

하늘이 울고
번개 치고
강풍이 사납다
파도는 제 세상이다

낙숫물 소리가 들린다
실로 오랜만에 들어보는
심장이 뛰는 소리이다
걸어서 섬을 일주한다
비 내리는 섬을
걸어서 본다

하염없이 비가 내려
섬은 오랜만에 머리를 감고 있다
비누 냄새가 확 풍긴다
여자 냄새가 난다

해바라기 씨
-위도 시편 3

새벽에 일어나
논금해수욕장을 거닐었다
자잘한 자갈이 해바라기 씨 같다
몽돌 해수욕장은 더러 보았지만
이런 자갈은 처음이다

손수건을 꺼내
해바라기 씨 같은 자갈을 두어 움큼 담았다
누님에게 드릴 선물이다
처음 문학의 스승인 누님은 욕심이 없어
늘 하찮은 것만 좋아한다
이런 어리석은 나를 보고
소나무와 억새 전문 화가인
창원 선생이 부러워했다
술좌석에서도 몇 번인가 말을 했다

실은, 평생을 소나무와 억새를 바라본
그가 나보다
더 순수하다

위도해수욕장
-위도 시편 4

위도에 있는 해수욕장은 대부분
자갈밭이다
다만 위도 해수욕장만이 모래사장이다

간만의 차가 심해
저 멀리 달아났다
바다는 썰물에 보드라운
내밀한 속살을 보여주었다
물이 들어올 때 파도가 치기 시작했다
강풍에 포말을 일으키며 밀려드는 파도의 장관
위도 여행의 클라이맥스가 이루어졌다
수 없는 새떼들이 지나간 다음
우리도 모래밭을 뛰어다니며
새가 되었다

감탄을 연발하며
기념사진을 찍었다

파도의 장관은 계속됐고
그곳을 배경으로 모세를 흉내 내기도 했다

배가 못 뜬다
-위도 시편 5

풍랑주의보
파도가 거칠어진다
배가 못 뜬단다

강의가 있는 교수
결혼식장에 가야 하는 화가
모임이 있는 시인들
모두가 섬에 갇혔다

섬에 온 우리를
섬은 붙잡아 두고 싶어 한다
그런 섬이 고맙다

핸드폰 약 기운이 떨어지기 전에
집에 연락을 하고
꼭 해야 할 곳에
전화를 했다

이런 섬에서 한 이틀 더 머물다 가자

폐선과 닻

-위도 시편 6

여기저기 버려진 폐선과 닻
해변의 자갈밭에 파묻혀있어
묘지 같다

전성기에는 바다를 주름잡던 그들
사람에 의해 버려진 채
녹 쓸고 있다

태양 아래 폐선이 가슴을 찌른다
비바람에 산화되고 있다
무덤 속의 금붙이처럼
그들의 꿈도 그렇게 될 것이다

정신과 육체도 이런 폐선의 신세가 아닌가
신에 의해 버림받은 존재
존재의 슬픈 고독
뼛속이 쓰리다

핵폐기물 건설이 무산된 위도

–위도 시편 7

기회가 왔을 때 잡았어야지
잡지 못한 위도 사람들
기가 죽었다
실은 섬사람들은 반대하지 않았다
'남 제사에 밤 놔라, 대추 놔라' 했다
섬의 운명은
언제든 육지 사람의 농락에 병들어간다
새만금 사업으로 어족은 고갈되고
영광원자력발전소의 위험은 상존하고
또 폐기물 시설까지
죽을 맛인
위도 섬 주민은 기가 죽었다
몇 년 전에는 여객선 사고가 있어
많은 사람이 죽었다
고기가 유독 많아
고기를 잡아먹고 산 죄밖에 없는
위도 사람은 죽고 싶다

새벽에 시 쓰다
-위도 시편 8

옆 사람의 하소연
술에 시달리면서
수면 부족으로 정신은 몽롱해지는데
민박집
섬의 밤은 깊어가고

섬에 비는 내리고
바람은 전선을 울려
귀곡성을 내지르고

새벽에 깨어
어둠 속에서 시가 잉태되고
아직도 어두운 밤 이른 잠자리에서
만남과 만남이 되살아나
시가 생각난다
불을 밝힌 자유의 공간
화장실 좌변기에 앉아
시를 쓴다

밤에 파도 소리는 점점 심해지는데
혼자 이렇게 깨어있다

파시와 접대부
–위도 시편 9

유채꽃이 피는 위도 봄에
조기 떼와 더불어 파시는
먼 옛날의 추억이 되고

전국의 어부가 모였고
그중에는 감옥에 갔다 온 사람도 있었고
결혼을 앞둔 산골 청년도 있었고
공장 노동자
심지어 깡패까지 있었다

만선이 자주면
소문은 일시에 퍼져
전국의 접대부까지 모이고
섬 전체는 흥청거리고
사람이 많이 모인 곳에
연정이 싹트고 그 정 때문에 사건이 터지고
이권과 모략과
약한 자들만 희생되고
신문에 나고
이래서 고기가 사람이 보기 싫어
오지 않아
접대부도 어부도 떠나
위도는 지금 쓸쓸하다

그 집 사람
–위도 시편 10

육지에서 온
그 집 사람은 집 주위의 나무를
전부 베 버렸다
집에 볕이 들지 않아
복도

섬에서 가장 오래된 팽나무를 베고
집 입구의 큰 은행나무
수백 년 묵은 동백도 다
용감한 걸까, 무모한 건가
전생에 나무와 악연

섬 유지들이 한마디 하니까
되레 열 마디

햇빛을 좋아하는 사람인 모양이다
그녀는 다이어트를 해야 할 것 같다
몸만 아니라 정신까지도

굴러온 돌이 박힌 돌을 뽑는 일이
어디 여기뿐이겠는가
위도는 오늘도 상처를 받고 있다

작품해설

배인환 시인의 새 시집 『꽃잎이 진다』를 읽으며

고창수 (시인, 번역가, 문화 컬럼니스트)

1. 문학의 여러 형태 가운데 시는 언어의 미적 양상, 음률, 음보, 음향, 상징, 심상 등 시적 장치를 활용하여 언어의 논리, 외연적 의미를 넘어선 새로운 의미를 창출한다. 시는 말에 다층적 해석의 가능성을 부여하고 정서적, 음악적, 주문적 효과를 불러일으킨다.

시에는 모호성, 상징성, 아이러니, 역설 등 제반 요소가 첨가되어 객관적 또는 과학적 사실의 제시에 치중하는 과학적 산문에는 없는 미학적 요소가 두드러지며 시의 다양하고 다층적 해석을 가능하게 한다.

직유, 은유, 환유 등의 수사법이 동원되면 서로

분리된 심상에 울림과 반향이 추가됨으로써 의미의 다층구조와 심상, 음향, 의미, 상징의 새로운 상관관계가 생겨난다.

이러한 음향, 상징의 숲속에서 힌두교 만트라인 AUM 이라는 발음이 인간 존재를 넘어 우주적인 진동과 연결되는 것과 비슷한 현상이 일어난다.

시는 논리적이거나 서사적 사고과정을 거치지 않고 아름다움과 숭고한 것을 전달하려는 과정을 내포하며, 시적 표현은 추상적인 면이 있고 언어 저변의 논리성과 구별된다.

기원전 3천 년 수메르의 서사시, 중국의 시경, 산스크리트 베다, 조로아스터교의 가타 시, 호머의 일리아드와 오디세이, 한국의 고전 시, 세계 현대 시에 이르기까지 시의 전통은 장구하며, 오늘 날 통신망과 번역 사업 등으로 하여 세계는 일일 문화권으로 축소되어 시인들은 다양한 문화와 언어의 전통에서 생성된 시의 형식, 문체, 표현기법을 자유자재로 활용하고 있다.

모더니즘 시론이 시인의 창의적 역할을 강조한 데 반해, 포스트모던 경향은 독자의 역할을 강조하게 되고, 시가 복잡한 문화적 상호침투 및 융화의 과정속에서 독자에게 읽혀지게 되었다.

전 세계가 하나의 일일 공동체가 되어 있는 현

시점에서 문학작품의 번역 등을 통하여 한 나라 한 문화의 문학작품은 곧 인류의 공동유산으로 되어가고 동서양의 문학 전통과 문학 이론은 상호침투하고 있는 현실이며, 시인들은 동서고금의 문학 이론 및 시적 장치 및 표현기법을 인류 공동의 유산으로 누리고 활용하고 있다.(일부 사항 wikipedia에서 인용)

2. 필자는 동서양 문학 이론을 공부하는 과정에서 착안하게 된 특히 아래 시에 대한 의견을 나의 시 쓰기와 남의 시를 읽는 경우에 상기하는 경우가 많다.

시는 역사 또는 반역사의 목소리가 아니고 이와는 전혀 다른 발언을 한다(Octavio Paz). 참다운 시는 이해되기 이전에 의사전달을 할 수 있다(T.S. Eliot). 시인은 현이 많은 악기를 연주하며 한 번에 하나 이상의 음향을 만들어 낸다(Lawrence Perrine). 언어는 존재의 집이라고 말한 철학자 Heidegger는 독일 시인 Holderlin의 시를 높이 평가하면서 시 만이 우주를 그려낼 수 있으며 시인은 문법에서 풀려나야 한다고 말했다.

농밀, 상호침투, 사상, 감정, 심상, 리듬, 말의 질감 등이 시의 본질이며 시의 힘의 원천이다(Cleanth Brooks). 시인은 보이지 않는 어떤 것의 사제이다(Wallace Stevens).

시는 살아 있는 올챙이가 뛰놀고 있는 상상의 정원이다(Marianne Moore). 심상(이미지)은 지적, 정서적 복합체이다(Ezra Pound). 시인의 재능은 메타포를 만드는데 있다(아리스토텔레스).

철학자 플라톤은 시인이 진리를 왜곡하고 인간을 타락시킨다고 시를 거부하였지만, 아리스토텔레스는 시는 역사보다 더 철학적이고 고상하며 보편자의 본질을 모방한다고 말했다.

현자와 참 시인의 자질이 한 시인 속에 있을 때 위대한 시인이 탄생한다(T, S. Eliot). [시인의 말은 필자 자신이 원어에서 자의로 인용, 번역한 것임]

3. 필자는 남의 시를 평함에 있어서 하나의 시집을 관통하는 단일 주제를 찾는 일이 때로는 무모하다는 생각을 할 때가 많다. 하나하나의 시 작품은 그대로 하나의 고유한 소우주 같은 것이며, 하나의 시는 시인 자신, 사회, 또는 시의 신에게 바치는 의식이고 기도이며 신성한 봉헌이라는 생각이 들 때가 있다. 시의 우열을 가리는 일은 그 자체가 하나의 문학 행위 일이지만, 또한 사회적인 현상임을 알고 있다.

4. 배인환 시인의 새 시집

배인환 시인은 대학에서 영문학을 전공했으며

영시를 포함한 세계 문학작품에 대한 이해가 깊다. 날카로운 지적 통찰력과 시적 감수성을 가지고 있음을 필자는 알고 있으며, 그의 문학에 대학 열정은 남다른 바 있다.

시 짓기에 있어서 배 시인은 겸허하고 허탈하고 담담한 태도를 견지하는 듯하다. 일상용어를 많이 쓰고 되도록 시를 쉽게 쓰려고 애쓴다는 인상을 준다. 일상 속에서 시의 소재와 주제를 발견하는 것 같다.

그렇지만 이러한 단순함 뒤에는 세상에 대한 깊은 성찰과 철학이 있고 인생의 질곡 속에서 우러나온 지혜가 깃들어 있음을 알 수 있다.

그는 단순하게 보이는 일상의 디테일 너머 형이상학적, 우주적 의미를 발견한다.

나는 그가 얼마나 Rainer Maria Rilke나 Pablo Neruda 같은 시인에게 심취하고 있는지 알고 있다.

아울러 그는 우리가 살고 있는 현실에 대한 깊은 관심을 가지고 있음을 알고 있다.

5. 예문

꽃잎이 진다
하늘거리며 빈 마을에
비바람에

눈발이 진다
서러운 노래에, 빈 산에
춤추며 사라진다

먼 마음이 진다
고요히 진다
어린 시절에, 늙은 오늘에
여전히

별이 진다
고독한 수사자의 눈에
황야로, 황야로

먼 하늘이 진다
무덤 저편의
하늘로, 하늘로
히뜩거리며

—「꽃잎이 진다」 전문

예리한 시적 시력이 감지되는 시이다. 시어의 순화, 절제가 서정성과 음악성을 높여준다. 프랑스 시인 Verlaine나 Apollinaire의 경우와 같이 시어의 가락이 의미와 유기적으로 어울려 시적 효과를 증폭시킨다. 어찌 보면 음악성이 강한 김춘

수의 무의미 시를 생각나게 할 수도 있겠으나, 시인의 간절한 정한과 사상이 짙게 전달된다.

산천의 색감은
회색이었다

긴 겨울
긴 여름에 꽃은 숨어 있다가
때가 되면
이런 꽃은 나타난다
화사하게

이렇게 하찮은 장소에
이렇게 많은 꽃이
하염없이
하염없이 나타나리라고는 생각 못했다

이때야 우리는 여러 곳에
꽃이 숨어 있었다는 사실을 비로소 안다
차가운 얼음장 밑에

긴 겨울로 이어지는 나의 영토에도
꽃은 어딘가에 숨어 있다.
도수 높은 고독의 안경을 끼고
그런 꽃을 오늘도 기다린다

-「꽃은 숨어 있다가」 전문

일상적 사물 속에서 다층의 의미 구조를 발견하는 시인의 통찰력이 돋보인다. 시인의 예리한 시력이 뛰어난 사례이다.

공원이나 시내에 산책을 나가보면
개를 키우는 사람이 유독 많다

개는 사람의 노예이다
그런데
이즈음은
사람들이 개의 노예가 되어
개에게 하는 짓을 보면 눈물이 난다

개가 실례를 하면
아기에게 하듯
휴지로 닦아준다

동물과 인간 사이에
이런 일이 허다하다

졸아드는 슬픔

—「반려 견」 전문

일상 속에서 성스런 진리를 발견하는 듯한 인상을 주며, 달관한 선사의 유머 감각을 보여주는 사례이다.

고래가 바다 위를 유영한다
자기의 자태를 뽐내고 싶은 것이다
애인은 물속에 있음이 분명하다
그러므로 위험이 도사리고 있는 공간에
발레리나의 몸을 노출시키고 있다

하느님은 이런 고래를 보며

혀를 찬다
예술가의 반란은 신도 어쩔 수 없다

그는 자신의 춤에 몰입해 있어
사람이 구경하고 있음을 모르고 있다
이 세상에 신이 아닌
인간이 있음을 모르고 있다

이윽고 피를 뿜는 불가사의는
멋의 정점인 꼬리지느러미에서
빛을 발한다

—「돌고래의 유영」 전문

놀라운 시적 비약을 보여준다.

사랑이란 말보다
그리움이란 말이 더 나아요

그리움 · 사랑
사랑 · 그리움

그리움의 냄새를 맡고 싶네요
잠 안 오는 밤이면

하늘에 박힌
별에 대한 그리움보다
베갯머리의 그리움

—「그리움」 전문

공감각적 통찰력을 보여준다.

올해는 비가 자주 와서
강물이 흙탕물이다
우리의 시간도 흙탕물이다

강물이 흙탕물이거나
우리의 시간이 흙탕물일 때
물고기는 아가미가 찢어지거나
배가 고파 상류로, 상류로 오른다
가봤자 물은 점점 줄어든다

50년 전 범람한 때가 있었다
그때 몇백만 명이 죽었다
젊은이는 죽음을
강 건너 불구경으로 본다

자주 내린 비와 흙탕물
아무래도 또 한 번의 범람을 가져올 것 같다
아프가니스탄과 이란의 전쟁을
거실에서 비스듬히 누워서 본다
옛날의 전쟁도 사극이라고
포장해서 즐겨본다

냉혹한 세상에 도사린 위험
냉정한 감정 즐기는 멋
유령의 세상이 되었다

가족도 못 믿는 세상에
구호는 믿을 수 있다고
헝겊을 흔드는 이들이 너무 많다
아무래도 비는 더 내릴 것 같다

-「올해는 비가 많이 내렸다」 전문

기발한 시적 발상의 전환을 예시해 준다.

세상에는 가시광선이 있고
비가시광선이 있다

이 세상에는 들을 수 있는 소리와
들을 수 없는 소리가 있다

지구가 공간을 나는 소리는
듣지 못한다
우주의 굉음은 아예 없다
개는 마약의 냄새를 맡는다

4까지는 알겠는데
5에서 11은 도통 모른다
5에서 11은 우리 세계가 아닐지도 모른다

나의 세계가 아니다
나의 세계일 수도 있다

잘난 개미가
인간 세계를 모르듯이

-「5에서 11」 전문

초현실주의 시인들이 자주 사용한 자동기술법을 연상시키는 시이다. 5차원에서 11차원의 세계를 언급하는 듯하며, 시인의 우주적 관심을 보여준다.

〈초현실주의〉

심리학자 Sigmund Freud를 전후하여 인간의 무의식의 세계가 발견되면서 인간 존재 및 현실의 새로운 국면에 대한 탐구가 시작되고 이성의 의식적 통제에서 상상력을 해방시키고 예술창작 과정을 개방하려는 노력이 문학에서도 전개되었다. 초현실주의 예술운동은 많은 창작, 표현 기법을 실험하였으며 20세기 초엽부터 현재에 이르기까지 다다, 초현실주의로부터 시작하여 추상표현주의, 비틀즈 문학, 마술적 사실주의에 이르기까지 수많은 시인, 예술가들에게 영향을 주었다. 그러한 글쓰기는 시문학에 막대한 영향을 주고 시적 표현을 심화하였다.

108이란 숫자를 좋아한다
백팔, 백팔 하면 휘파람 소리가 난다
너무나 인간적인 이 말은
기도문처럼
내 입에서 잘도 나온다

나는 요즈음
108이라는 숫자를 좋아하게 되었다
그 동안 전국의 바닷가나 강가에서 모은 조약돌을
느티나무 단단한 나무판에
108개씩 붙였다

바둑알처럼 하나는 검은 색이고
다른 하나는 흰색이다
수석 전시관처럼 되어가는 벽에

이 판자를 명화처럼 걸어놓았다

그리고는 아침, 저녁으로 쓸쓸하거나
무언가에 쫓겨 돌아온 날 밤에는
108개의 돌이
다닥다닥 붙은
여윈 내 가슴팍을 본다

—「108」 전문

외부적 디테일이 시인의 존재 속으로 엄습하는 듯 한 시적 맥락을 창출한다.

I
눈 관리를 엉터리로 했다
안과병원을 화장실 드나들 듯한다
몸이 백 량이라면
눈이 구십 량이라는데
인생을 잘 살았다고 할 수 없다

내 눈 속에는 갈매기가 날고
별이 뜬다
별은 밤에 뜨는 것이 아니고
햇빛이 나면 새까맣게 많은 별이 뜬다
눈 속에는 은하수도 있다 그러니까
눈 속에 우주가 있는 셈이다

눈 속의 우주를 본 일이 있는가
그것도 그냥 볼 수 있는 것은 아니다

Ⅱ
내 눈은 책을 싫어한다
컴퓨터도 TV도 싫어한다
어떤 불빛도 싫어하며 광합성을 하는
태양광선을 제일 싫어한다

빛보다는 어둠을 좋아한다
빛을 보면 눈이 아프다

숲과 산과 강과 바다를 좋아한다.
이치를 알 수가 없고
알려고 하지 않는다
다만 좋아하는 어둠을 만나면 그만이다

-「나의 눈」 전문

일상 속에서 발견하는 심오한 우주적 메아리를 볼 수 있다. 역설적이지만 인생에 대한 깊은 깨달음을 보여준다.

첫사랑의 그녀
아직도 그 마을에 살고 있네

모든 사람이 다 떠난 옛날의 그 마을에
아직도 첫사랑의 그녀는 살고 있네

추억도 시들었고
그녀를 사랑하던 모든 청년들이
도시로 떠나
의치를 한 할아버지가 된 지금
건물의 철근이 다리의 그것처럼 녹 쓸었어도

첫사랑의 그녀는
아직도 교회가 있는 그 조그마한 마을
살구꽃 곱게 피는 소꿉놀이 골목에 살고 있네

명절날의 꼬까옷 같은
첫사랑의 그녀는
어쩌자고 아직도 그곳에 외로운 탑처럼
성모 같은 자태로 살고 있나

밥 짓는 저녁연기
첫사랑의 그녀는
마을 하늘로 울려 퍼지던 저녁 종소리
노래를 부르고 있네
이제 무덤에 같이 가자고
무덤위에 달이 휘영청 밝은 밤에
속삭이자고
아직도 열여덟 살, 변함없는 그녀
첫사랑의 그녀!

–「첫사랑의 그녀」 전문

언어의 서정성을 크게 살린 시이며, Edgar Allan Poe의 유명한 〈Annabel Lee〉를 상기시키는 사랑의 시이다.

이 무한의 우주와
이 우주의 한 귀퉁이에
유한하게 사는 인간!
과연 주인은 누구인가

무 시간의 우주와

유 시간의 인간
과연 누가 주인인가?
어느 쪽이 점수가 더 높은가?

이 어려운 판정을 해야 하는데
다들 어딜 갔지?

누가 주인인가 보다는
유한한 내가 지금 사는 것이
대단하다
21세기에 살고 있다는 것이

삶은 지구와 관계이고
죽음은 우주와 일치인가?

-「누가 주인인가?」 전문

인생에 대한 심오한 관조와 통찰을 보여준다.

독도 사랑 시낭송 예술제에 갈 때
파도 때문에 울릉도에 못가고
회항을 했다
바다가 큰 유리창을 통해서 보이는
해변의 포스모텔에서
만재 선생을 모시고 잤다
섬의 시인, 섬을 가장 사랑하는
한국의 시인
바다의 시인과 하룻밤 정사는 사건이었다
나의 성은 섬의 악보가 되었다
이튿날 다시 도전
독도까지 갔으나 접안이 안 되어

배에서 TV를 보듯 섬을 바라보았다
나리분지의 낭만
시 사랑 송운 선생
노 시인의 나라 사랑
막걸리를 마시고 취한 시인들
파도에 나는 갈매기
노을이 곱기도 했다
구름은 다시 꽃 핀다

—「독도 기행」 전문

일상의 현실에 대한 참여의식과 인간에 대한 애정이 잘 표현된 시이다.

매화 향기 천 리까지 퍼지네
산수유 빛깔 온 누리를 비추네
전국의 차들이 꼬리를 무네
섬진강가 꽃동네!
겨울에 꽃을 못 본 사람들 모이네
겨울에 강을 못 본 사람들 모이네
높다란 곳에
청매실 농장은 있네
수백 개의 독이 만드는
향취에 취하네
화개장터 시원한 재첩국
막걸리 생각나네
팔도 사람들 사투리 판치는
토지의 억양들
평산리 사람들 골목을 고치네
강 안의 드라이브 코스
쌍계사로 들어가는 혼인 길

3월에는 매화꽃
4월에는 벚꽃
5월 산봉우리에 철쭉제
남도는 온통 꽃 축제
하느님이 잔치 벌이네

—「꽃 축제」 전문

언어 미, 시적 비약, 예리한 상상력의 깊이를 보여주는 시이다. 흙냄새 나는 일상성, 화사한 시적 감수성, 인간애, 세계애 등을 잘 표현한 시이다.

숨은그림 찾기와 같은 여러 개의 그림에서
여자의 누드가 보인다
이만큼 떨어져 있는 남자는 화가
그가 거기에 있다

단순한 누드화를 그리는 그림의 주위에
수백 개의 사물이 제멋대로다

꾸불꾸불한 선은
기하학의 도표를 만든다
나는 순간 고압선에 감전된다

그의 곁에는
미셀 푸코, 알랭 주프로와가 있었다

변화를 추구하는 다양성
혁명의 붉은색, 청색, 노란색
색의 마술사, 선의 기하학자

섬뜩한 분석과 해부
정곡을 찌르는 창끝
그래서 그는 무서운 존재다
그림

나는 겹겹으로 껴입은 옷을 벗는다
비로소 누드가 된다

–「모든 색으로부터, 역사의 그림」 전문

미술에 대한 깊은 이해와 그림을 보는 독특한 시각을 보여주며, 그림이 지니고 있는 여러 겹의 형식과 내용을 읽어 내는 좋은 사례로 보인다. 미술 작품을 분석하는 시인의 눈이 돋보인다.

오늘 아침 배달된 신문으로
모르카이 섬으로 길을 떠난다
바다로 휩싸인 섬은 바위투성이

섬에는 비밀들이 숨겨져 있다
들여다보는 사람에게 수면에
형상이 나타난다

다미안 신부의 신화는
죽은 것이 살아나는 흙
흙의 삶을 산 그분, 참사람!

해안에 부서지는 파도는
시간을 조율하고
별빛을 끌어다가 음악을 킨다

야자나무 숲속으로 뻗어난 길
성자가 걸었던 그 길은 자취도 없지만
마음에 있어 신화가 부활한다
깊이를 측정할 수 없는
그 뜨거운 휴면기 화산

—「죽은 것이 살아나는 흙」 전문

쓰기 어려운 여행시를 성공적으로 조탁한 시이며, 공감각적 체험을 잘 보여주는 시이다.

한 번도 바다에 가보지 못했다
그래서 만나는 사람마다
바다에 가보았는지 물으면
그들도 바다에 가보지 못했다고 말을 한다
바다에 간 사람은
돌아오는 것을 본 일이 없다고 말한다

이 찜통더위에 바다에 꼭 가고 싶은데
갈 수가 없어 답답하다

가을이 지나 겨울이 되어 바다에 가면
혼자 손안에 호두알을 굴리며 가면
바다는 반길 것이다

바다에 가면
바다에 온 사람이 있을 것이다
추운 해안의 설화는 끝이 없고
갈매기 떼를 유혹하는 파도는
온종일 으르렁댈 것이다
방파제에 부서지는 파도는 해일이 되어

축복의 문을 부술것이다

안으로 들어가는 문은
어둡지만 넘어지는 일은 없고
누군가 부축할 것이다

–「바다에 가봤는가」 전문

Rainer Maria Rilke 적인 상상력으로 사물과 가상의 세계와 현실을 유기적으로 결합시킨 시이다.

비가 내린다
비 내리는 섬이 보고 싶다
끝없이 비가 내린다
그래서 황홀하게
황홀하게 섬을 본다

하늘이 울고
번개 치고
강풍이 사납다
파도는 제 세상이다

낙숫물 소리가 들린다
실로 오랜만에 들어보는
심장이 뛰는 소리이다
걸어서 섬을 일주한다
비 내리는 섬을
걸어서 본다

하염없이 비가 내려

섬은 오랜만에 머리를 감고 있다
비누 냄새가 확 풍긴다
여자 냄새가 난다

—「비 내리는 섬」 전문

비 내리는 섬을 감각적으로 표현한 시이다. 담담하게 읊어내는 낭랑한 시구 속에 다정다감한 시인의 철학적 관조와 체험이 엿보이는 비장한 작품이다. 표현주의적 발상법도 곁들인 것으로 보인다.

다시올시선026

꽃잎이 진다

초판인쇄 2017년 11월 20일
초판발행 2017년 11월 30일

지은이 | 배인환
발행인 | 김영은
펴낸곳 | 다시올

출판등록 | 제310-2007-00028
주소 | 서울특별시 노원구 월계동 382-55
전화 | 070-7431-5941
팩스 | 031-855-0023
메일 | maxim3515@naver.com

ISBN 978-89-94414-76-8 03810

정가 : 9,000원

* 이 시집은 원로 예술인 창작지원금으로 발간하였습니다.